नारी तू शक्ति स्वरूपा

नारी तू नारायणी

संपादक- डॉ. योगेश कुमार

यह कविता, संपादक डॉ योगेश कुमार द्वारा नारी के सम्मान में इस पुस्तक में सम्मिलित की जा रही है जिस का उल्लेख नीचे दिया गया है।

।। नारी तू नारायणी ।।

तू गायत्री, तू सावित्री,

तू करुणा, तू परम स्नेही ।

महिमा नहीं सीमित इतनी सी,

तू काली, तू है वैदेही ।।

बंधित हो सकती है जग में,

वाद्य नहीं; तू जग कल्याणी ।

पंख लगा के उड़ जाने सी,

तू अभिलाषा, तू जग जननी ।।

गंगा जैसी पावन महिमा,

पर्वत रीझे, झरने गाएं ।

वीरों में तू लक्ष्मीबाई,

सरोजिनी बन तू जग छाए ।।

मां बनकर सृष्टि रचती तू,

मर्म तेरा यह; है जग जानी ।

कैसे मूल्य चुकाए हम सब,

नारी तू नारायणी, नारी तू नारायणी ।।

-डॉ. योगेश कुमार

क्रम-सूची

क्रम-सूची

प्रस्तावना

पाठकों के लिए सूचना

यह पुस्तक एक कविता प्रतियोगिता "नारी तू नारायणी" का संकलन है।

जिसमें समस्त भारत देश से कविता में रुचि रखने वाले सभी प्रतिभागियों की रचनाओं को प्रकाशित किया गया है।

यह कविता प्रतियोगिता पूरे भारतवर्ष में 'Women Child and Parents Foundation (WCPF)' के द्वारा 8 मार्च 2022 को आयोजित की गई थी।

भूमिका

जैसा कि आप सभी को विदित है की यह पुस्तक एक कविता प्रतियोगिता "नारी तू नारायणी" का संकलन है। जिसमें समस्त भारत देश से कविता में रुचि रखने वाले सभी प्रतिभागियों की रचनाओं को प्रकाशित किया गया है। यह कविता प्रतियोगिता पूरे भारतवर्ष में 'Women Child and Parents Foundation (WCPF)' के द्वारा 8 मार्च 2022 को आयोजित की गई थी। महिला की क्षमता को नज़रअंदाज करके समाज की कल्पना करना व्यर्थ है। महिलाएं परिवार बनाती है, परिवार घर बनाता है, घर समाज बनाता है और समाज ही देश बनाता है। इसका सीधा-सीधा अर्थ यही है की महिला का योगदान हर जगह है। शिक्षा और महिला ससक्तिकरण के बिना परिवार, समाज और देश का विकास नहीं हो सकता। उक्त तथ्यों का ध्यान रखते हुए इस कविता प्रतियोगिता का आयोजन किया गया था और इस कविता प्रतियोगिता में लोगों ने बढ़-चढ़कर उत्साह दिखाते हुए नारी की क्षमताओं का उल्लेख अपनी कविताओं के माध्यम से प्रस्तुत किया।

लेखक

- Dr.Yogesh Kumar
- Hemlata
- Tishita
- Shyni K Baby
- Ankit Kumar Ravi
- Kumar Mishra
- Dinesh Kumar Sanadhya
- Annu Rathore
- Om Prakash Gupta
- Kavita Kannauje
- Ashmita kumari
- Pratibha Sharma
- Dr. Indra Baldwa
- Anand Prem
- Tannu Sangwan
- Sonia Aggarwal
- Shivani Sharma
- Bhavika Bandhu
- Alka
- Nishant Kumar Saxena
- Anamika Agrawal
- Shahana Parveen
- Deepika Mundra

लेखक

- Aayush Jha
- Naureen Banu
- Pinky Kaintura
- Samriti
- Mukesh Kumar Saini
- Seema
- Sunil Kumar
- Ritu Agrawal

1. नारी तुम नारायणी

नारी तुम त्याग समर्पण,
तेरा जीवन औरों पर अर्पण,
बिटिया का हो मधुर बचपन,
प्रेयसी, अर्धांगिनी, का मधुर सौंदर्य,
दादी नानी की कथा कहानी,
मां की हो तुम जीवंत मूरत,
नौ महीने खून से सींजकर,
तुम बनती जीवनदायिनी,
नारी तुम आदि शक्ति, "नारी तुम नारायणी"।
तुम ज्ञान की पहली पाठशाला,
प्रेयसी के नैनो की मधुशाला,
घर के चूल्हे चौके से,
कल्पना की अंतिम उड़ान तक,
मां के वात्सल्य के आंचल से,
जोधा बाई की हुंकार तक,
मीराबाई के प्रेम रस से,
रानी लक्ष्मीबाई की तलवार तक,
झुकी पलकों पलकों से, पाजेब की झंकार तक,
सद्गुण वैभव शालिनी, "नारी तुम नारायणी"।
मदर टेरेसा की सी ममता,
लता के जैसी स्वर कोकिला,
सरोजिनी, इंद्रा से,
बना भारतवर्ष सुनहरा,

सानिया, उषा, मैरीकॉम,

गीता, हेमा, द्विती चांद,

ऐश्वर्या, सुष्मिता, हरनाज कौर,

ऐसी मिसाल है कई और,

नारी तुम चिंतामणि, "नारी तू नारायणी"।

मां लक्ष्मी, मां काली, मां पारायणी,

कालग्रास जब जहां को घेरे,

वीणा की जगह हाथों में,

खड़क और त्रिशूल ले ले,

सुहासिनी सुमधुर भाषिनी,

बाहुबलधारणी नमामि तारिणी,

रिपुदल वारिणी, वाणी विद्यादायिनी,

तुम दुर्गा दशप्रहरणधारणी,

शैलपुत्री, ब्रह्मचारिणी, कालरात्रि,

कात्यानी, कमला कमलदल बिहारिणी,

नारी तुम आदि शक्ति, नारी तुम नारायणी।

-आनंद प्रेम

2. नारी

विशंभरा, जगजननी, सृष्टि सृजनायका;
अद्य,आर्य आर्या, देवयानी, माधव प्रिया राधिका ।
त्वम सुकुमार कुमुदिनी, सौम्य स्नेह प्रदायिका;
वसुंधरा, सर्व शक्ति स्वरूपा, रणचंडी भाग्य विधायिका ।
नूतन प्रसून सौरव मुकुंद, सुवासित विमल वल्लरीका;
धवल चांदनी तम विनाशिनी, लोक प्रकाशमान दीपशिखा ।
परमात्मा अद्भुत कृति, विविध रूपी अभिनायिका;
पुत्री, भगनी, भार्या, वधू, अंबा, कर्ण प्रिय मधुरम गीतिका
।
रूपवती, कमनिया लावण्या, नृप प्रिय सारिका;
राघव वन वासनी सिया, पुरुष हृदय विराजिका ।
प्रेम चित्र अनुबंधन आजीवन ससम्मान संपादिका;
अर्धांगिनी, सहगामिनी, सुखदायिनी संस्कारिका ।
सृष्टि स्पंदन शक्ति, प्रलय विराम गति नियामिका;
अजेय अखंडित नि:शेष प्रसूता, संध्या दीपिका देविका ।
वागीश्वरी, भद्रकाली, शांभवी, भावमोचिनी महोदका
महोदरिका;
अक्षुण्य अनंत नारी महिमा अल्पविराम कर अब भाविका ।

-भाविका बंधु

3. अभी जीना सीखा है

मंजिलें भी मिलेंगी, रास्ते भी तय होंगे,
अभी तो आजाद होकर चलना सीखा है।
मैंने खुद को अब पहचाना है,
मेरे वजूद ने अभी जीना सीखा है ।
बखूबी निभाती आई हूं,
सदियों से अपना किरदार में,
थोड़ी हिम्मत और जुटाकर,
तेरे किरदार में ढलना सीखा है।
उठा सकती हूं बराबर जिम्मेदारी,
कदम मिलाकर अब चलना सीखा है।
मैंने खुद को अब पहचाना है,
मेरे वजूद ने अभी जीना सीखा है ।
सीचा था बरसों से मैंने,
अपने घर और परिवार को,
उस हुनर के अमृत से अब,
यह समाज बदलना सीखा है।
साक्षरता की मोहर लगाकर,
अपने विवेक से निखरना सीखा है।
मैंने खुद को अब पहचाना है,
मेरे वजूद ने अभी जीना सीखा है ।
जिक्र नहीं था मेरा,
जिन सभा और दरबारों में,
आज पूरे अधिकार से,

वहां फैलना सुनाना सीखा है।
मैंने मात दी सिद्धांतों को,
परंपराओं को बदलना सीखा है।
मैंने खुद को अब पहचाना है,
मेरे वजूद ने अभी जीना सीखा है।
कामयाबी की मिसाल बनूंगी,
अभी इतनी और उड़ान भरउंगी,
अपनी काबिलियत के दम पर,
सपने पूरे करना सीखा है ।
मैंने खुद को अब पहचाना है,
मेरे वजूद ने अभी जीना सीखा है।

-शिवानी शर्मा

4. नारी का गुणगान

जब भी कभी भारत का इतिहास लिखेंगे,
नारी तेरे बलिदान का गुणगान करेंगे,
तुझ में समाई है विश्व की सभी धारा,
तेरे बिना नहीं है अस्तित्व हमारा ।
पन्ना के त्याग का वह स्वर्णिम था दिन,
चंदन किया समर्पित राष्ट्र के रक्षार्थ ।
क्या-क्या बखान करें उस मां के त्याग का,
जिसने दिया उदय को जीवनदान प्यार का ।
जब भी कभी.............
नारी तेरे बलिदान.............
मीरा की भक्ति देख तीन लोक हिल गए,
गिरधर भी आकर नतमस्तक हो गए ।
जहर का वह प्याला अमृत बन गया,
भक्तों के विश्वास में भगवान दिख गया ।
जब भी कभी.............
नारी तेरे बलिदान.............
पद्मिनी के जौहर की ज्वाला भी प्रबल,
वीरांगनाओं के दिल में राष्ट्रभक्ति थी धबल ।
अपने सतित्व की रक्षा हेतु चिता पर चढ़ गई,
वह नारी मेवाड़ का तिलक बन गई ।
जब भी कभी.............
नारी तेरे बलिदान.............
झांसी की रानी भी मर्दानी थी बड़ी,

संग्राम में जिसने कभी पीठ ना दिखाई ।
उसके शौर्य की गाथाएं हैं बड़ी,
भारत की बेटी थी रणचंडी बनी ।
जब भी कभी.............
नारी तेरे बलिदान.............
सावित्रीबाई बनी प्रथम शिक्षिका बड़ी,
जिसने दिया छात्रों को ज्ञान की जड़ी ।
विपरीत परिस्थितियों का सागर था बड़ा,
पर नेक इरादे से सफलता है मिली ।
जब भी कभी.............
नारी तेरे बलिदान.............
अर्धनारेश्वर में है नारी का अस्तित्व समाया,
जिसने बनाया ब्रह्मांड का यह रूप हमारा ।
उसके ही आंचल में समाया विश्व है सारा,
प्यार स्नेह व ममता की सूरत मूरत है न्यारी ।
जब भी कभी भारत का इतिहास लिखेंगे,
नारी तेरे बलिदान का गुणगान करेंगे ।
तुझ में समाई है विश्व की सभी धारा,
तेरे बिना नहीं है अस्तित्व हमारा ।

-डॉ. इंदिरा बलदवा

❧ ❧ ❧

5. जो नारायणी है वह नारी है

जिसे केंद्र बिंदु मानकर आसपास
घूमती यह सृष्टि सारी है,
नर में बसते हैं नारायण, जो नारायणी है वह नारी है।
कभी मां, कभी बहन, कभी बीवी बन कर
जिसका जीवन संघर्ष जारी है,
नर में बसते हैं नारायण, जो नारायणी है वह नारी है।
जीवन का द्वार वह है, जीवन का सार वह है,
जो मुश्किल हो पथ वह राह दिखाती है
सब आसान हो जाता है ,जब मां समाधान बताती है
अपने परिवार पर ही न्योछावर जिसकी खुशियां सारी हैं
नर में बसते हैं नारायण, जो नारायणी है वह नारी है।
सुधार देती जो सबका रहन-सहन है,
खुश किस्मत हैं वह जिनकी कोई बहन है,
डांट फटकार सब हमारे लिए सहती है।
क्या चाहिए खुद के लिए, यह भी नहीं कहती है।
देखने भर से जिसके सुकून मिले,
वह मुस्कुराहट कितनी प्यारी है।
नर में बसते हैं नारायण, जो नारायणी है वह नारी है।
छोटी सोच वाले हैं वह लोग जो इन्हें सताते हैं,
बड़े सामने कहां बेटी-बहू में फर्क बताते हैं।
जहां नर है छाया तो नारायणी धूप है,
लक्ष्मी और दुर्गा दोनों इसी के रूप हैं।

चारों तरफ खुशियां फैलाए, यह भी तो किसी आंगन की
फुलवारी है।
नर में बसते हैं नारायण, जो नारायणी है वह नारी है।

-अंकित कुमार

6. नारी तू नारायणी

नारी तू नारायणी, तुझसे ही संसार बना है
तेरे रूप अनेक यहां, हर रूप में तू पूजनीय है
कभी मां बनके सृष्टि रचती, कभी पत्नी बनकर त्याग
करती
कभी बहन के रूप में भाई के पग पग जीवन में साथ
रहती
नारी शक्ति नहीं एहसास है, एक आशा है विश्वास है
नव प्राण फूंक दे जीवन में, ऐसी एक अद्भुत सांस है
धरती पर मदर टेरेसा हैं, नव में सुनीता विलियम है
यह इंदिरा बन कर एक नया भूगोल और इतिहास रचती है
तुम समझे हो अबला जिसको, उसकी तो सिंह सवारी है
मोहन के छप्पन भोगौ पर बस एक तुलसी भारी है
नर से है नारी शब्द बड़ा,
नर से इसका संकल्प बड़ा
इस अन्नपूर्णा के द्वारे शिव लेकर भिक्षा-पात्र खड़ा
क्यों भूल रहे महिमा इसकी, यह स्वयं सिद्ध संपूर्ण है
यह मां नहीं है जग में तो फिर भी सारी सृष्टि शून्य है
मां अन्नपूर्णा है तू ही, है तू ही वीणावादिनी
है शक्ति स्वरूपा, जगदंबा, है नारी तू नारायणी
फिर भी इस धरती पर तुझको हर बार नकारा जाता
तेरे त्याग तपस्या को एक पल में भुलाया जाता
इसीलिए नारी तुझे नारायणी कहते मेरे होंठ कांपते हैं
किस मुंह से कहूं, किस मुंह से कहूं,

कि जिस आदि शक्ति स्वरूपा को हम नवरात्र में घर
बुलाते हैं
फिर उसी शक्ति को गर्भ में ही मिटाते हैं
नारी तुझे नारायणी कहते मेरे होंठ कांपते हैं किस मुंह से
कहूं,
किस मुंह से कहूं, कि जिसे हम ग्रहलक्ष्मी कहते हैं और
घर में सजाते हैं,
घर की लक्ष्मी कहते हैं उसी गृह लक्ष्मी को दहेज के रुपयों
के लिए रसोई में जलाते हैं
नारी तुझे नारायणी कहते मेरे होंठ कांपते हैं किस मुंह से
कहूं, किस मुंह से कहूं,
कि जिस चेहरे पर हम दुर्गा सरस्वती का रूप देखते हैं
फिर उसी चेहरे पर तेजाब फेंक ते हैं
नारी तुझे नारायणी कहते मेरे होंठ कांपते हैं
-पिंकी कैंतूरा

7. नारी तू नारायणी

कि रोज लड़ती है तू अपने हालात से
कभी जमाने से तो कभी खुद के जज्बात से
तुझे रोकने की बहुतों ने किया प्रयास
पर तू ही तो है जिसने कभी नहीं छोड़ी आस
कि अपने पर जो आए तो बदल देती है पूरी कहानी
नारी तू नारायणी नारी तू नारायणी
की चाहती है तू बस यहां सम्मान
समझ ना सके अपना भला-बुरा इतनी भी नहीं नादान
कई राज छुपा लेती है तेरी यह मुस्कान
तेरे हौसले देखकर तो होती है पूरी दुनिया हैरान
की जो चाहती है सबको सिर्फ अपनी उड़ान दिखानी
नारी तू नारायणी नारी तू नारायणी
कि अपनी तय की हदों में रहने को दुनिया है तुझे
समझाती
आगे ना निकल जाए तू मर्दों से इसी बात से है घबराती
हक के लिए तो तू नारायण से लड़ जाए
कोई तो इस जमाने को यह बात बताएं
कि तोड़ने की समाज की बेटियों को तू ने ठानी
नारी तू नारायणी नारी तू नारायणी
कि अकेले ही तू पूरे घर को संभालती
परिवार पर आई मुश्किलों को हिम्मत से टालती
खो जाती है तेरी इस बीच कहीं ना कहीं पहचान
रखती है फिर भी हमेशा चेहरे पर मुस्कान

की बदलने पर जो आए तो बदलते समय सारणी
नारी तू नारायणी नारी तू नारायणी

-तन्नू सांगवान

8. नारी तू नारायणी

नारी तू नारायणी स्वीकार सभी को करना होगा,
"यत्र नार्यस्तु पूज्यंते रमंते तत्र देवता" इस उक्त को
अपनाना होगा।
नारी जीवन दायिनी, क्यों समाज उसे डराता है?
कभी छेड़ता सड़क पर तो कभी कॉलेज में सताता है।
आज की नारी नहीं डरती किसी से लाख मुश्किलें आए,
मार्ग बनाती स्वयं के लिए पुरुषों को यह रास ना आए।
तेजाब फैक् नारी पर, पुरुष अपनी मर्दानगी दिखाता है,
खुद जलकर देखे पुरुष कभी, तेजाब कितना रुलाता है।
कहना बड़ा सरल नारी अर्धांगिनी है पति की,
मिले ना जब अधिकार परिवार में, ऐसी अर्धांगिनी भला
किस बात की?
आज प्रत्येक क्षेत्र में नारी आगे बढ़ रही है,
चिकित्सा हो या अभियंता, जगह अपने नाम कर रही है।
नारी महान, जरा गिन कर देखो उसके काम,
सुबह से लेकर शाम तक नारी व्यस्त काम ही काम।
मुंह से कुछ नहीं कहती चुपचाप हर गम सहती है,
मुस्कुराहट रहती चेहरे पर, दर्द ना बयां करती है।
नारी शरीर से जुड़ी पीड़ा जिससे नारी हर माह बंधी रहती
है,
मासिक धर्म में भी नारी काम से पीछे नहीं हटती है।
माहवारी में भी नारी दफ्तर, विद्यालय, परिवारिक कार्यों
को कहती है,

करती नहीं शिकायत कभी, कर्तव्यों को बखूबी निभाती है।
विवाह के बाद पति की सेवा मन वचन से करती है,
थकान हो या बोझ काम का फूलों की सेज सजाती है।
पुरुषों द्वारा की जाती गर्भवती, प्रसव पीड़ा नारी सह जाती
है।
मौत को गले लगाकर नारी मां बन पाती है।
एक दिन नारी ना हो घर में परिवार बिखरा सा लगता है,
विधुर नहीं रह सकता अकेला, नारी की चाहत रखता है।
आज पुरुष जहां खड़ा, उसमें हाथ नारी का है,
मां ने दिया जन्म पुरुष को पुरुष श्रेणी नारी का है।
नौ माह तक नारी बच्चे को अंदर अपने रखती है,
अपने रक्त से खींचती, संतान को जन्म देती है।
युगों-युगों की वीर गाथा में नारी भी शामिल है,
उठा कर देखो इतिहास देश की स्वतंत्रता में नारी की भी
भागीदारी है।
नारी संसार की सुंदर कृति चाहे हो लता या शुरेया,
अपने व्यक्तित्व से मशहूर हुई गायका हो या नृत्यांगना।
इंदिरा गांधी से लेकर सुनीता चावला तक प्रसिद्ध है नारी
के नाम,
कोई भी क्षेत्र नहीं अछूता जिसमें नारी का नहीं कोई
योगदान।
जो करते निंदा नारी की वह खुद की निंदा करते हैं,
बर्दाश्त नहीं कर सकते काम नारी के लिए इसलिए निंदा
करते हैं।
पुरुषों द्वारा हर घर में नारी का सम्मान होना चाहिए,
बेटी, बहन, बहू, मां , पत्नी, नारी का अपमान नहीं करना
चाहिए ।।

-सहाना परवीन

9. नारी तू नारायणी नारी

शिष्टाचार की बोली है नारी, हर घर की रंगोली है नारी।
संसार की चमक है नारी, धरती पर देवी का वरदान है
नारी।
कहने को बस एक शरीर है नारी, लेकिन हर शरीर को
जन्म देने वाली है नारी।
नारी से जमी पर जन्नत है, बिना नारी तो जन्नत भी बस
जमी है।
देवी से ही देवों की पूजा है, दुनिया में नारी जैसा पवित्र ना
कोई दूजा है।
एक शरीर में हजारों रूप धर जाती है, इसलिए तो नारी तू
नारायणी कहलाती है।
रण में तू नारी लक्ष्मीबाई बन जाती है हर घर में गृह
लक्ष्मी कहलाती है।
आंगन में लक्ष्मी हो जाती है, कारोबार में धनलक्ष्मी बन
जाती है।
इसलिए तो नारी तू नारायणी कहलाती है।।

-अशोक डबास

10. नारी तू नारायणी

नारी तू नारायणी, दुर्गा रूप की अवतारी।

जब झुके तेरे नयन, धरती थम जाए।

जब उठे तेरे नयन, आसमां झुक जाए।

जब उठे तेरे कदम, जमीन रुक जाए।

जब उठे तेरे हस्त, पवन मूक बन जाए।

नारी तू नारायणी, दुर्गा रूप की अवतारी।

तेरा आंचल धूप छांव का, नंबर बन जाए।

तेरा मस्तक सरस्वती का, मान बन जाए।

तेरा हस्त दुर्गा त्रिशूल की धार हो जाए।

नारी सुता रूप में संसार का, उन्माद बन जाए।

नारी तू नारायणी, दुर्गा रूप की अवतारी।

नारी विश्वास आत्मा का, सत्य रूप हो जाए।

नारी संपूर्णता पहाड़ों सा, धैर्य बन जाए।

नारी की मौन प्रतीक्षा में, लहरों सी हलचल हो जाए।

मां की ममता संपूर्ण सृष्टि का, पाठ बन जाए।

नारी तू नारायणी, दुर्गा रूप की अवतारी।

अफसोस मानव ने नारी को, अबला रूप मान लिया।

सृष्टि की रक्षा करने को, काली रूप बना लिया।

नारी की अस्मिता मिटाने हुआ है, रावण अत्याचारी।

नारी की अस्मिता बचाने हुआ है, राम सा अवतारी।

नारी तू नारायणी, दुर्गा रूप की अवतारी।

अंतरमन की वेदना आंखों का, अब घुटन बन जाए।

आंखों की राह निकल वेदना, मुस्कान बन जाए।

नारी तेरा अंतर्मन विश्व आत्मा का, दर्शन बन जाए।
मन के भावुक क्षण इंद्रधनुष के रंग बन जाए।।
नारी तू नारायणी, दुर्गा रूप की अवतारी।
नेह गंद बांटती नारी कंचन सुमन बन जाए।
नारी श्रम, दया, करुणा की मूर्ति निर्झर कलख बन जाए।
नारी निज शुचि प्रेम से, पुष्पित घर बन जाए।
नारी ममता निस्वार्थ प्रेम का, परचम बन जाए।
नारी तू नारायणी, दुर्गा रूप की अवतारी।
नारी का मां रूप जानने विष्णु बन गए अवतारी।
मां का वात्सल्य जान कृष्ण बन गए तत्व ज्ञानी।
कहते अज्ञानी मनुष्य कुरुक्षेत्र, पांचाली का अभिमान हुआ।
यह तो दुर्योधन के अहंकार का, परिणाम हुआ।
नारी तू नारायणी, दुर्गा रूप की अवतारी।
नारी से बढ़कर जग में, नहीं किसी का त्याग हुआ।
लक्ष्मीबाई, पन्नाधाय, अहिल्या यह अनुपम प्रमाण हुई,
बेटी रूप हर घर में काली बाई है ।
देश, समाज, परिवार, गुरुजन का करती कल्याण है।।

-हेमलता

❧❧❧

11. हे नारी आज मन में विचार आया

हे नारी ! आज मन में विचार आया कि तुम पर कुछ
लिखूं,
बहुत सोचा, समझा, चिंतन किया, नारी नाम का मंथन
किया
ज्ञात हुआ कि तुम तो नारी हो, तुम खुद ही दुनिया सारी
हो,
तुमसे ही तो आज यह कविता है, तो नारी तुझ पर मैं
क्या लिखूं?
नारी, स्त्री, महिला, औरत, नाम तो बहुत हैं तेरे
तुम ही दुर्गा, काली, सीता, अनेक रूपों में पाई जाती हो
तुम ही नारायण की लक्ष्मी, नारायणी कहलाती हो
तुम खुद ईश्वर की प्यारी रचना, तो
है नारी तुझ पर मैं क्या लिखूं?
"यत्र नार्यस्तु पूज्यंते रमंते तत्र देवता" प्राचीन काल से ही
देवी मानी जाती हो
मातृत्व महिमा से मंडित, सौभाग्य श्रृंगार जननी हो
"है भूमि माता मेरी हम धरा के पुत्र हैं" ऐसा ऐसा अर्थ वेद
में लिखी जाती हो
जब आदिकाल से है ऐतिहासिक वर्णन तेरा तो है नारी तुझ
पर मैं क्या लिखूं ?
जनजीवन की मूल धुरी तुम, आदर्श की अध्याय हो

कभी विदुषी मैत्री, गार्गी, तो कभी बलिदान की मूरत
पन्नाधाय हो
लक्ष्मी बाई, मीरा के स्वरूप में, नारी महिमा का उद्घोष
हो
"मुझे एक योग्य माता दे दो मैं तुमको एक योग्य राष्ट्र
दूंगा" लिख दिया
तो है नारी मैं तुझ पर क्या लिखूं?
बाल्यावस्था से मृत्यु पर्यंत तक, तुम ही हमारी सांस हो,
तुम ही गृह स्वामिनी, तुम शिशु की प्रथम शिक्षक हो
यज्ञ, अनुष्ठान, निर्माण, सब अधूरे हैं तुम बिन,
ऐस्वर्या से अलंकृत सृष्टि का उत्सव खुद पुरुष की प्रेरणा
हो,
तो हे नारी तुझ पर मैं क्या लिखूं ?
तुम शिक्षित हो, हो तुम, आधुनिक समाज बनाती हो,
हो दुनिया की आधी आबादी, पर पूरी दुनिया की ताकत हो
अपनी उपेक्षा होने पर, हर शक्ति अधिकार के लिए लड़
जाती हो
'एक महिला शिक्षित होते ही एक पीढ़ी शिक्षित होती है'
जब लिखा वइंगम विद्वान ने
तो हे नारी तुझ पर मैं क्या लिखूं ?
तुमसे ही घर, परिवार, समाज और देश बना, तुम एक
मूल इकाई
हो सूर्य जैसा तेज, चंद्रमा जैसे शीतलता, फूलों की मोहकता
पाई हो
दया, करुणा,,ममता, त्याग, बलिदान, आरंभ से अंत तक
समाई हो
तुम ही समर्थ अस्तित्व सबसे सुंदर करती हो,

तो हे नारी तुझ पर मैं क्या लिखूं ?
साहित्य-कला, राष्ट्र के उत्थान में तुम्हारा योगदान
अवर्णनीय है
चिकित्सा-शिक्षा, पुलिस प्रशासन में उपलब्धियां प्रशंसनीय
हैं
वीर अंता संकोचन शीलता से मुक्त तेरा यह रूप वंदनीय
है
तुम स्त्री स्वयं सिद्ध गुणों की संपदा हो
तो हे नारी तुझ पर मैं क्या लिखूं ?
समस्त सामाजिक संदर्भों में, तेरी सक्रियता को राष्ट्र में
स्वीकारा है
विश्व के कण-कण को स्वर्णिम भावना से तुमने ही सहारा
है
सोचा कि विश्व तारा घुसा अपाला के नाम पर तेरा
उदाहरण दूं
तुम खुद उपलब्धियों की हो पर्याय, हर रूप में तुम हमें
प्यारी हो
बस इतनी है कविता की कविता की "नारी तु नारायणी" हो
थम गई है अब कविता की कलम की कैसे तेरा बखान
करूं?
तुम ज्ञान की देवी सरस्वती, में तो एक अर्थ ज्ञानी हूं,
तो हे नारी तुझ पर मैं क्या लिखूं ? तुझ पर मैं क्या लिखूं
?

-कविता कन्नौज

❧❧❧

12. नारी तो शुद्ध स्वरूपा

नारी तो शुद्ध स्वरूपा नारी तू नारायणी।

करुणा, दया, वात्सल्य, तेज, साहस धारिणी ।।

परिवार की धरा, सेवक मां पिता की,

भाई बहन की सहायक, समृद्धि सुख प्रदायनी ।

संतान का व्यक्तित्व तुझ में निहित,

पति का भविष्य तुझ में समाहित,

अभाव ऐश्वर्य में समत्व वाली तू महायोगिनी,

पुरुष की शक्ति अर्धांगिनी ।

तू सक्षम शासक, कुशल प्रशासक, समाज हेतु नव पथ प्रदायिनी।

राष्ट्र सेवा में समर्पित, सैन्य, अर्ध सैन्य बल में प्रतिभागिनी।

भूमि जल वायु यान चालन में निपुण,

रणयान चालन में पारंगत,

अस्त्र शस्त्र विद्या में सिद्धहस्त, राष्ट्र शत्रु दल संहारिणी।

संसार की सर्वोच्च पर्वत चोटी पर तेरे पद चिन्ह।

ज्ञान विज्ञान विधान में तू विशारद,

वक्तवि, अधिवक्तवि, शिक्षिका चिकित्सका विविध रूप तेरे।

तू बलिष्ठ, कुश्ती, भरोतोलन में,

पदकों पर पदक जीत गौरव वर्धन करती देश का।

समस्त विश्व क्रीडा में प्रबल प्रतिद्वंद्वनी,श्रेष्ठ प्रतिभागिनी।

देवी तू जननी विश्व की, प्रकृति स्वरूपा,
मृत्यु से द्वंदउपरांत नवजीवनदायिनी।
तू सर्वत्र सब तुझ में व्याप्त,
गृहस्थी की धुरी, तू अन्नपूर्णा पूर्ण कर्तव्य निर्वाहिका।
घर बाहर के कर्तव्य संभालती,
अद्भुत है, धन का अर्जन भी करती, परिवार भी पालती।
ग्रीष्म, शीत, वृष्टि में अन्न उत्पादन हेतु श्रम करती।
कृषि क्षेत्रों में सतत कार्यकारिणी।
तू है, तू थी, तू रहेगी।
सृजन, पालन, पापसंघार गुणों से युक्त,
सदा, सर्वदा सुमंगलकारिणी।
नारी तू नारायणी।

-निशांत कुमार सक्सेना

13. हे नारी उठ और जाग

हे नारी उठ और जाग,
अपने स्वाभिमान को तलाश,
रोक ना खुद को विद्रोही बनने से,
तू लड़ अपने आत्मसम्मान को बचा ॥
हे नारी तू उठ और जाग,
कर रक्षा अपने अस्तित्व की,
तू लड़ वे बुनियादी सवालों से,
हे नारी तू उठ और जाग॥
अपनी सदियों की नींद, खत्म कर,
हे नारी तू बदल, सदियों पुरानी कुरीतियों को,
हे नारी बन फिर झांसी की रानी,
फूलन देवी तू बन जा फिर ॥
तू लड़, कर खुद से सवाल,
दे दुनिया को जवाब,
हे नारी तू उठ और जाग॥
नहीं हूं अबला, मत समझो कमजोर,
मैं हूं वह, जिससे तू जन्मा है,
मैंने तुझे बनाया है, और तू,
मुझे ही मिटाने चला है ॥
नर की पहचान नारी हूं मैं
फिर भी क्यों अकेली हूं मैं,
हे नारी उठ और जाग,
अपने स्वाभिमान को तलाश,

खत्म कर, अब ना कर इंतजार ॥

-दीपिका मूंदड़ा

14. नारी तू नारायणी

नारी तू नारायणी, नारी तू वरदान।
नारी नर की जान है, नारी हैं अभिमान।।
नारी बिना जग सूना, सूना धरा आकाश।
प्रेम प्रतिष्ठा मान सब, बिन नारी उपहास।।
नारी तू नारायणी, चलता तुमसे ही संसार हैं।
हैं नाजुक और सुंदर तू कितनी, तुझमे ओजस्विता और
सहजता का शृंगार है।।
जो हर मुष्किल को सहज बना दे,
जो हर इंसान की हिम्मत और शक्ति
तू प्यार की एक डोर है जो, बंध रखे परिवार हैं।
जो धर्म और मर्यादा को संचित करें।
जो अहसाय कष्ट सहकर,
देती दुनिया को एक जीव का उपहार है।
तू प्यार है, ऐतबार है.............................
तू इस जगत का आधार है,
बिन तेरे जहान है सूना
और तन्हा तू नारी
नारायणी तू ही जगत का आधार हैं।
नारी, तू नारायणी
नारी, तू नारायणी
इस जग की पालनहारिणी
नारी, तू नारायणी रिश्तों को अर्थ नया देती
हर भावना की अभिव्यक्ति

कभी मीरा, कभी राधा
कभी भक्ति, कभी शक्ति
रस भरती जीवन में बनकर माँ,
बहन, पत्नी, बेटी
इस अद्भुत अहसास बिना हैं
सदा अधूरा हर व्यक्ति
नारी व्यक्ति नहीं अहसास हैं।
माँ अन्नपूर्णा है तू ही
हैं तू ही, वीणा वादिनी
है शक्ति स्वरूपा, जगदम्बा
हे नारी, तू नारायणी
इस जग की पालनहारिणी
हे नारी, तू नारायणी

-मुकेश कुमार सैनी

15. नारी तू नारायणी

भूमिकाएं नारी की क्या बतलाए

बिना इसके है समाज असहाय

इतिहास उठाकर देखें हमने

कितने शेर हैं नारी तूने जन्मे

जब-जब तुझ पर हुआ दमन

ना जाने कितने हुए जुल्मों सितम

हर बार दोगुनी ताकत से तूने खुद को साबित किया है

कश्मीर से कन्याकुमारी, अटक से लेकर कटक तक

चारों दिशाओं में, क्या धरती क्या आसमान

हर जगह सिर्फ तेरा ही संघर्ष दिखा है

विशेषताएं तेरी क्या बतलाए

ए-नारी, तू सब पर भारी है

सूरज का प्रकाश है तुझमें

अंधेरों को तू दूर भगाए

क्यों कम आंकते हैं तुझको

आखिर तुझसे ही तो दुनिया सारी है

कौन-कौन से तेरे अवतार गिनू

हर एक अवतार की तू नायका है

कितनी देवियां, कितनी शक्तियां, कितनी हुई वीरांगनाए हैं

कहीं पर तू है शीर्ष नेत्री, और कितने रूपों में तू समाज सेविकाएं हैं

तुझसे विद्या, तुझसे वेद, तुझ से फैला है संगीत

कहीं संघर्ष तो कहीं भक्ति और भी दिए तूने कितने संदेश

नारी तेरी शक्ति को हम, हाथ जोड़कर नमन करते हैं
बलिदान किए हैं तूने कितने, ना उन्हें कभी भूल सकते हैं
सूरज चांद जैसे बसे दुनिया में
इनके बिना गुजारा मुश्किल है
हे नारायणी !
इससे ज्यादा और क्या कहे
तेरे बिना समाज की कल्पना नामुमकिन है।।

-सीमा

16. ये कैसा जीवन

नारी तू नारायणी,फिर महिमा से क्यूं अनजान।

खामोशी कमजोरी समझी,खो दी तुने पहचान।

पतझड़ की रूत आई गई,ना आया नव पल्लव,

सहे जहा के जुल्मों सितम, मिटा नामोनिशान।

नहीं सुधारा चाल चलन,वो करता रहा दोहरान।

अपनी जागीरी समझ उसे,किया बहुत परेशान।

सदियों से यही सिलसिला तो चलता रहा वीणा,

देती रही वो अग्नि परीक्षा,पर न मिला सम्मान।

अय्यासी का साधन समझ ,करते रहे गुणगान।

रिश्ते सारे ही बंधन,चेहरे दिखाने की मुस्कान।

इतना सहा दर्द उसने,बस आईना गवां उसका,

आजादी चाही,कहा ना होता नारी का अरमान।

राधा सीता देवी बना उसे,दिया है नाम का मान।

खामोश रह नादां सहती रही,थी गुणों की खान।

पीर जब बढ़ने लगी,कोशिश की सर उठाने की,

अबला ना बनी, कुलटा बना,करते रहे अपमान

-वीणा वैष्णव रागिनी

17. अपना फर्ज निभाया

गृह लक्ष्मी बन कर,अपना फर्ज निभाया।
तिनका तिनका जोड़, आशियां बनाया।
रिश्तों को संभाला बहुत अच्छे से वीणा,
सबको दे सम्मान,घर जन्नत सा सजाया।
घर की मान मर्यादा में, चार चांद लगाया।
घर व बाहर,दोनों जगह कर्तव्य निभाया।
ना आने दी कभी आंच परिवार पर वीणा,
रही झोपड़ी या महल,सामंजस्य बिठाया।
परिवार का महत्व हर जन को समझाया।
कभी बनी दुर्गा कभी लक्ष्मी रूप बनाया।
प्राचीर बन खड़ी रही सब सम्मुख वीणा,
आई विपदा,पर न पड़ने दिया बुरा साया।
नारी तू नारायणी,कोई समझ नहीं पाया।
मुस्कुराहट में छिपा दर्द,नजर नहीं आया।
हर कदम अपमान का घूंट पी कर उसने,
दे इम्तिहान, अपने दम अस्तित्व बचाया।

-वीणा वैष्णव रागिनी

18. नारी तू नारायणी

रब की दी एक दवा है जो,

इस धरती की ठंडी हवा है जो,

जिसके होने से ही सब का वजूद है,

वह सहमी सी भी बारूद है,

जिसने हर मोड़ पर ताकत दिखाई है,

जो कभी काली तो कभी महामाई है,

अन्नपूर्णा, दुर्गा, लक्ष्मी जैसी जिसकी पहचान है,

दानवों की दुनिया की वह साक्षात भगवान है,

जिसकी कोख से जन्मे वीर पुत्र महान है,

उसके अस्तित्व के बिना तो यह दुनिया ही वीरान है,

नारी है तो जग रही है,

नारी है तो हर बाजी है,

नारी रब की चाहत है,

हर दर्द की यही राहत है,

चाहे लाखों जुल्म डाले हैं,

जूवानों पर भी ताले हैं,

फिर भी नारी के अस्तित्व के हमेशा राम बने रखवाले हैं,

रब ने अपनी दिखलाई है,

झूठों को सजा दिलाई है,

जब जब भी जग में नारी टूटी,

मां दुर्गा माता आई है,

जिसने सबको समझाया है,

नारी का स्थान दिखाया है,

हर ना समझे को माता ने ही तो,
नारायणी का रूप बताया है,
वह नारी नहीं भगवान है,
रब का दिया वरदान है,
जिसके होने के कारण ही,
हर घर में आज मुस्कान हैं,
सब के दुखों को देखकर जो अपनी बाहों में भरती है,
क्या सोचा किसी ने कभी उसका जो चुप के आहें भरती है,
उसने हमें संभाला है,
हर दुख से हमें निकाला है,
यह याद रखना तुम सब भी,
रब ही उसका रखवाला है,
वह हमको पहचान दिलाएगी,
ना एक भी एहसान जताएगी,
इतना सब सह के भी यारो,
वह हमको प्यार दिखाएगी,
वह नारी नहीं भगवान है,
जिंदगी का एक वरदान है,
उसकी तुम कदर करो लोगों,
उसी से हमारा जहान है

-तिशिता

19. नारी तू नारायणी

विरोध करूं, तो असंस्कारी,
चुप रहूं, तो बेचारी हूं।
इस विशिष्ट से समाज की,
मैं साधारण-सी नारी हूं।
तू बेटी, तू पत्नी तू ही है मां,
तू लक्ष्मी, तू सरस्वती, तू ही है दुर्गा!
उठ खड़ी हो, मत रोक खुद को,
देख आईना, पहचान खुद को,
क्यों किसी पुरुष से ही मदद की उम्मीद करे तू !
क्यों ना आगे बढ़े और, गिरते को थाम ले तू
नारी तू नारायणी, अर्धांगिनी नहीं,
पूरी है खुद में, तू आधी नहीं,
मत कर दुस्साहस तू बराबरी का,
एक समाज है, उससे ऊपर है तू,
मत कर हौसला किसी के सहारे का,
खुद लड़ और लगा ले पंख अपने,
"नारी तू नारायणी" सब तुझ से उत्पन्न है,
शक्ति या कमजोरी,
क्षमता या हीनता,
प्रेम या घृणा,
शांति या अशांति,
रुप या कुरुप,
'पुरुष' का तो केवल नाम है।

उसका मन और तन,
बनाने वाली भी तो, तू ही है...............
दुर्गा बनके महिषासुर मर्दिनी,
चंडी बनके पाप विनाशिनी,
काली बनके कालरूपणी,
नारी है तू नारायणी!
नारी तू नारायणी इस जग का आधार............
युगों युगों से पाल रही यह सारा संसार.............
तुझ में है लक्ष्य, तू ही है अक्ष,
अब तो उठ चल है! कल्याणी !
नारी तू है नारायणी

-सैनी के बेबी

20. नारी

यह बात नहीं आधुनिकता और फूहड़ता कि,
यह तब भी हुआ था जब मैं सावित्री सीता थी ।
यह बात नहीं आज की बेबाक सदी की,
तब भी हुआ था जब मैं गौ-गंगा सी पुनीता थी।
सदियों तक मौन रही तो कभी स्वाभिमान के लिए लड़ी
भी थी,
मैंने सत्र उठाए सत्र पढ़ाएं,
हिम्मत कर कुछ नारियां खड़ी भी थी।
इस समाज ने कहा मौन रहो चुप चाप सहो,
वरना जग हंसाई तुम्हारी होगी,
क्यों हर बार इस मौन समाज में रोती बिलखती एक नारी
होगी?
जन्म होते ही मार दी जाती चाहे कितनी भी बिलखती
रोती,
वाह रे आधुनिक दुनिया अब तो मौत मेरे गर्भ में ही होती।
फिर भी सपने बुनकर में बड़ा कुछ करने चली,
राहों में मुश्किलें हजार हर पद पर बैठे बहशी खूंखार,
फिर भी हिम्मत कर हर बार में संभली।
डर यह भी था कि साथ मांगा अपनों से तो सपने होंगे
कैद,
फिर नसीब में घर की चारदीवारी होगी।
क्यों हर बार इस मौन समाज में रोती बिलखती एक नारी
होगी ?

मैं डरी सहमी सी ही तो नहीं थी मैं सुषमा, कल्पना,
सुनीता और झांसी की रानी थी,
घर बसाया देश चलाया हर क्षेत्र में नाम कमाया,
मैं सीमा पर शहीद हुई वीरांगना मर्दानी भी थी।
वह वहशी मजदूर, डॉक्टर, इंजीनियर, पुलिस, शिक्षक तो
थे ही,
मैंने भी कहा सोचा था कि पुजारी मौलाना की नजरें भी
बहशी बलात्कारी होगी।
क्यों हर बार इस मौन समाज में रोती बिलखती एक नारी
होगी?
घर, कॉलेज, स्कूल, दफ्तर में कितनी बहशी आंखों ने
मुझको घूर के देखा।
जब उठाई आवाज मैंने उन्हें ना कह दिया तो गया मुझ
पर तेजाब तेजाब फेंका,
बेटों का ऐसा बहशी शेर बनाओ, पहले अपने ही घर में
उच्च नैतिकता और संस्कार सिखाओ।
जो आज भी ना आपके लाडले संभाले,
तो कल सड़क किनारे धुं-धुं करती कल आपकी भी दुलारी
होगी ।
क्यों हर बार इस मौन समाज में रोती बिलखती एक नारी
होगी ?
अपनी बेटी का साथ दो, उसकी ना यु आवाज दबाओ,
बहशी कांपे थरथर उससे, बिटिया को ऐसी हूंकार सिखाओ।
लाज शर्म की दुहाई देकर आंखों पर ना उसके पर्दा डालो।
अग्नि से जल जाए बहशी,
बिटिया में निर्भीकता की ऐसी अंगार जला दो,
फिर न बेटा बनेगा दरिंदा, ना बेटी होगी शर्मिंदा।

जब घर-घर में महिला हित में ऐसी पुर जो तैयारी होगी।

क्यों हर बार इस मौन समाज में रोती बिलखती एक नारी होगी ?

कभी गर्भ में मरी कभी ससुराल में जली,

मेरे साथ मानवता भी जलकर राख हो गई,

मौन समाज तमाशा देखें नीच सियासत अपनी रोटी सेके।

इंसान बन गया जानवर इंसानियत तो अब खाक हो गई।

मत सहो मत डरो दरिंदगी को साहस से दूर करो हमें सुरक्षा

अब अपने दम पर करनी खुद हमारी होगी।

क्यों हर बार इस मौन समाज मैं रोती बिलखती एक नारी होगी?

मेरे तीखे -तीखे व्यंगओं से नारी दुख का आगाज हुए हो,

मेरे इन कटु प्रश्नों से शर्मसार यह समाज हुआ हो,

तो सभी मिलकर कठोर कदम उठाओ,

हर नारी को उचित स्थान दिलाओ,

अब आंसू बहाने की इन बहशी दरिंदों की बारी होगी,

और करता है समाज महिला हित में कुछ ऐसा तो,

हर नारी आपकी शत-शत आभारी होगी।

-अन्नू राठौड़

21. नारी: तेरे बिन सब जग सूना है

नारी तुम कितनी हो महान,
देकर जग को; सर्वस्व दान,
कर्म किया है कितना महान,
पर नहीं हो रहा उतना मान ।1।
नर ! तुम चाहे कितना बड़े बनो,
नारी ने उंगली धरके चलाया है
इसके ममता आंचल की छाया में,
तुमने हर पल सुकून को पाया है।2।
गौतम गांधी हो, या हो कबीर,
लव कुश हो अथवा कोई कर्मवीर
यीशु, नानक हो या औलिया पीर,
चाहे हो प्रचंड बल में परमवीर।3।
तुम अर्ध अंग नहीं हो अपने में,
पर आधे नर को पूर्ण बनाया है
तुमने, उस आधे की पूर्ति हेतु,
अपना सब वजूद, लुटाया है।4।
तुम्हारे बिन जग सारा सुना है,
तुम पर क्यों सुनी हो अपने में,
यह अश्रु बिंदुमें अब बता रही हैं,
किसी ने लूटा तुमको सपने में।5।

-ओम प्रकाश गुप्ता

संपादक- डॉ. योगेश कुमार

• 41 •

22. तोड़ के पिंजरा आत्मा में खिल जाएगी नारी

कब तक यह रीतियां चलते ही रहेगी,
बंद पिंजरा का माहौल अब नहीं रह पाएगी।
बहुत कुछ सुना है मैंने बहुत कुछ देखा,
अब जंजीरों को तोड़ कर आसमां में उड़ जाऊंगी।
ईश्वर ने जन्म दिया कुछ करने के लिए,
रूढ़ीवादीय ने नियम लगा दिया चारदीवारी के अंदर रहने
के लिए,
नहीं सह पाऊंगी मैं गुलामी उन लोगों के लिए,
समान अधिकार चाहिए मुझे बस जीवन जीने के लिए।
टूटे हुए आत्मविश्वास को जोड़ती है रमणी,
स्वर्ग जैसा घर को बनाती है कामिनी।
बिखरे हुए परिवार को बचाती है नारी,
रब से दुआ हो फूलों की तरह मुस्कुराती रहे नारी।
अब नहीं मानेगी नारी,
चारदीवार पार करेगी नारी।
आए हुए सपने को सजाएंगी नारी,
तोड़ के पिंजरा आसमां में खिल जाएगी नारी।

-अस्मिता कुमारी

23. एक सुखद एहसास

जब बचपन में पली-बढ़ी तो कुछ करने का हुनर सीखा था,

जैसे-जैसे बढ़ी हुई, समाज के अनुसार चलना सीख लिया,

कभी एक बेटी के रूप में, रिश्तो को निभाना सीख लिया,

कभी एक बहन के रूप में, रिश्तो को निभाना सीख लिया,

कभी एक बहू, और कभी एक पत्नी के रूप में,

रिश्तो को निभाना सीख लिया,

जब आई बारी मां के रिश्ते को निभाने की,

तो कुछ सुखद और कुछ कठोर एहसास थे,

कंधे पर उठाकर जिम्मेदारी सेवा में जाना सीख लिया,

अध्यापन के जरिए मैंने नाम कमाना सीख लिया,

कुछ ज्ञान बांटा, कुछ हासिल किया,

साक्षरता की मिसाल से, बच्चों का भविष्य बनाना सीख
लिया,

अपनी ममता को दबाकर घर से बाहर चलना सीख लिया,

अध्यापन के जरिए मैंने अपने पराए का फर्क करना छोड़
दिया,

सब बच्चों में अपने ही बच्चों की सूरत देखना सीख लिया,

आज गर्व है इस बात का कि, मेरे बनाए,

फौजी, डॉक्टर, और अध्यापक सेवा निभा रहे हैं,

इस सुखद अहसास से मेरा अस्तित्व पर पूर्ण हुआ।

-अलका

24. उठो द्रोपदी लड़कर दिखलाओ

दरिंदे अब हैवानियत के कब तलक तुम्हें सताएंगे।
उठो द्रोपदी लड़कर दिखलाओ हर बार कृष्ण नहीं आएंगे।।
लगा दे जो बाजी पर तुमको, तुम ना किसी की जागीर हो।
ममता भरी है तुम्हें तो क्या, बल से भी तुम वीर हो।
क्षमता है अपार तुम में फिर क्यों ऐसे मौन हो तुम।
दिखलाओ सबको शक्ति अपनी बतलाओ की कौन हो तुम।
काट डालो उन हाथों को जो दामन तक तुम्हारे आएंगे।
उठो द्रोपदी लड़कर दिखलाओ हर बार कृष्ण नहीं आएंगे।।
कब तक तुम शिकार बनोगी दरिंदों की हैवानियत का।
कब तक डरोगी उन भेड़ियों से जिनको मोल नहीं
इंसानियत का।
ठेस पहुंचाए जो सम्मान को तुम्हारे उनको तुम ना माफी
दो।
जरूरत क्या है, किसी सहायता की तुम्हें तुम अकेले ही
काफी हो।।
तुम जितना डरोगी उनसे वह उतना ही तुम्हें डरएंगे।
उठो द्रोपदी लड़कर दिखलाओ हर बार कृष्ण नहीं आएंगे।।

-आयुष झा

25. नारी तू नारायणी

नारी तू नारायणी तू ही शक्ति दायिनी।
तू ही दुर्गा तू ही काली,
नारी तू लक्ष्मी तू सरस्वती तू ही विद्यादायिनी।
तू ही अंबा तू ही खप्पर वाली,
सृष्टि का आरंभ और आज,
नारी का अतीत और आज।
जब से हुआ संस्कृति का आरंभ।
कब से ही नारी संघर्ष प्रारंभ,
मेरे ही गर्व से जन्मा यह मानव,
आदि से आज तक राज कर रहा मानव।
वैदिक काल से आधुनिक काल तक,
अकेले ही चल इस यात्रा में आज तक,
त्याग और बलिदान की मूरत,
दर्पण में ना देखी अपनी सूरत।
दुर्गा लक्ष्मी माई और इंदिरा गांधी तक,
मदर टेरेसा से कल्पना चावला सानिया मिर्जा तक।
हर रूप में अपना सामर्थ्य दिखाती,
हर क्षेत्र में अपना स्थान बनाती।
एक नारी हर बार नए रूप धारण करती,
नारी स्वयं अपना स्थान बनाती।
समाज के हर सीमा से लड़ती,
मर जाति का हर जुल्म सहती।
कभी ना थकती आगे बढ़ती जाती,

नारी है मानव समाज की जननी,
नारी ही है समाज के निर्माणआतरी,
विश्व की ऊंचाइयों तक पहुंची नारी।
युगों युगों से कर रही है नारी यही पुकार,
खुद अपने चाल पर करूंगी हर सपने साकार।
राह में आ रही हर बाधा को पार करूंगी,
खुद से ऊपर उठकर अंतरिक्ष को पहुंच जाऊंगी।
आज हर जुबान पर मेरी कहानी,
तो फिर होगी सिर्फ मेरी कहानी।।

-अनामिका अग्रवाल

26. लहू में उसके आक्रोश है

लहू में उसके आक्रोश है
भरा परंतु हृदयँ शीतल है हरा
उसका हर वजूद सब पर भारी है
कौन कहता हैं अबला नारी है
मनु ने तलवार उठाकर दुश्मन को ललकरा था
क्यो न चिक्खी पन्ना जब उसके बेटे को मौत के घाट
उतारा था
एक नारी जिसने समस्त देश मे लायी थी आंधी
कोमल सहभाव् वाली पहली प्रधानमंत्री इंद्रा गाँधी
कल्पना की उडान को कौन भूल पाया है
पीवी सिंधु की छलांग ने झंडा ऊँचा लहराया है
हे जगत जननी तुम्हारा हर रूप भारी है
कौन कहता है अबला नारी है
तु सरस्वती दुर्गा अम्बे मा पुजारी है
तेरे हर रूप के आगे बेबस दुनिया सारी है
कौन कहता है अबला नारी है
बेटी बनकर बाबा का बोझ उठाती हैं
मां के काम में हाथ बटाती है
भाई की तो जान कहलाती है
बन जाए पत्नी तो इस नए रिश्ते को दिल से अपनाती है
कोमल मधुर स्वभाव से घर को संजोती है
ओढ़ के कफन वो दुनिया बताती हैं

जगत जननी वह मां कहलाती है
तेरा हर रूप का पलड़ा भारी है
कौन कहता है अबला नारी है
कश्मीर से लेकर कन्याकुमारी तक
नासा हो या रॉकेट की सवारी तक
गांव से निकलकर राष्ट्रीय भवन की चारदीवारी तक
हर क्षेत्र, हर विषय, में पलड़ा भारी है
कौन कहता है अबला नारी है
हिजाब के लिए आवाज उठाई
अपने हक के लिए आगे आई
बदला है युग बदली दुनिया सारी है
कौन कहता है अबला नारी है
कौन कहता है अबला नारी है

-नौरीन बानो

27. नारी

तूनारी है,तूशक्तत है, तूही प्रेम है, तूभक्तत है।
तूही मधुर तान हैममतामयी पुरसुकून लोरी की।
तो तेरेआक्रोश मेंएक अनुगूँज हैक्रुद्ध रणभेरी की।
तूतो इस सकृटि मेंनवजीवन देनेवाली जन्मदात्री है,
ईश्वर केसाथ-साथ तूभी तो मनुज की ननमाषत्री है।
फिर तयों पुरुर् केझूठेअभभमान सेहार जाती है?
तयों अबला बनकर आँखों सेसागर बहाती है?
तयों नहींींउस पुरुर् को कोई सबक भसखाती है?
अब भी देर नहींींहुई, तुझेसाहस ददखाना होगा।
तुझेअपनेआत्म सम्मान केभलए लड़ना होगा।
अपनी बिी का भववटय सुखद और सबल करना होगा।
इसकेभलए तुझेआत्मववश्वास सेआगेबढ़ना होगा।
जो तूनेआज तोड़ ददया वपतृसत्ता केझूठेअहम को
तो सींपूणषपुरुर् जानत भी कुछ जाग्रत हो जाएगी।
भमथ्या पुरुत्व केभ्रमजाल सेबाहर ननकल पाएगी।
फिर हर नारी देवी बनकर,इस जहान मेंपूजी जाएगी।
और जो देवी न भी बन सकेतो कोई भशकायत नहींीं,
कम सेकम बराबरी की एक ईंसान तो समझी जाएगी।

-रितु अग्रवाल

28. नारी ही तो नारायणी है

नारी ही तो नारायणी है,
खुद नारायण का आधा मन।
क्षण क्षण में ग ूंज रहा
जसका नाम यह जनजविघ्न ।।
नवजीवन को देती जीवन,
खुदको वो करके अर्णि,
अन्धेर भरी गहरी छाँव में,
कर रही वो अर्नों का रक्षण।
ध ल में ध जमल होते
जमट रहे मानवता के गुण
उस अमानवता की आग में
र्ल रही, वो अजि की जकरण।
नारी ही तो नारायणी है,
खुद नारायण का आधा मन।
त्याग की म रत है जो,
त्याग से लथर्थ, जसका दामन।
देश को मान अर्ना सविस्व
जजसने न्योछावर कर जदए अर्ने कई आँगन।
कलाई भाईओं की स नी है
ढ ूंढ़ता हैजजसको खुद सावन,
वो ही तो नारायण का बाह्य रूर् है
वो ही तो है उनका अंतमिन।

नारी ही तो नारायणी है,

खुद नारायण का आधा मन।

अर्ने जलए तो समय नहीूं

अर्नाूं को समजरति जसका हर स्वप्न,

कभी बेटी, कभी र्नी बन,

नभा रही जूंदगी का हर वचन

जुमि के जलए जो दुगगा है,

दुखखयाूं के जलए ममता का रूर् रावन।

नारी ही तो नारायणी है,

खुद नारायण का आधा मन।

अलौजकक है रूर्,

अलौजकक जजसका कमि जचत्रण माँ, बेटी, बहु, र्नी,

जैसे ररश्तों का अलौजकक जमश्रण

हो रही गूँज ब्रह्माण्ड में,

हो रहा मजहमा का ऐसा सूंगम,

शब्द क्या व्याख्यान करेंगे,

जो जवद्यमान है धड़कन धड़कन।

नारी ही तो नारायणी है,

खुद नारायण का आधा मन।

क्षण क्षण में गूूंज रहा जसका

नाम यह जनजविघ्न ।

-सुनील कु मार

29. नारी : जीवन नीर मेरा !

कभी उसकी गोद में खेला हूँ,
उसने नन्हे कदमों को कभी थामा है ,
है बांधी राखी इन हाथों में , कभी उसके प्रेम में खोया हूँ
!
जैसे सुशोभभत सुंदर जग , हर्षित पावन बेला हो ,
है दमक रहा मेरा घर , जैसे जगदम्बा का मेला हो !
होते हज़ार रूप उसके , हर रूप सुहाना होता है ,
है वह बनी कभी पद्मासनी , कभी भयांकर होता है !
वह नारी हैं, है जीवन नीर मेरा , मैं उसके आंश का हस्सा
हूँ ,
कभी बन बसांत आई वह , बन उम्मीद नया सवेरा लाई
है!
है हृदय अनांत उसका , सागर जैसा आंचल है ,
कष्ट भरे जीवन पथ में बन वट छाया आई है !
बनी धल कभी कदमों की वह , वह सफलताओं की
कहानी हैं ,
कभी उसकी गोद में खेला हूँ, उसने नन्हे कदमों को कभी
थामा है ,
है बांधी राखी इन हाथों में , कभी उसके प्रेम में खोया हूँ
!
हर रूप मुझे वह भाती है , जीवन का महत्व सखाती है ,
कभी बनी वह गुल्लक मेरी , साथी बन साथ नभाती है !

चम मस्तक मेरा, कभी फली नहीं समाती वह ,

कभी आंस मेरे पोंछे है , नखरों पे मुस्कराई वह ,

कही उसने कहानी कभी , लोरी से चांद जमी पर लाई वह

,

बचपन की सखी मेरी , कभी माँ बन सबक सखाया है !

माँ , बहन , दादी और साथी , कभी भशक्षक और सहपाठी

,

भन्न-भन्न रूपों में जीवन पयिन्त साथ नभाती वह !!

है जीवन धन्य मेरा , धन्य मेरे साथी ,सखा !

हूँ कृतज्ञ झुका मस्तक मेरा , शत कोट नमन देवी तु मको

,

नारी बन मैंभी जन मूँ , हो धन्य जीवन मेरा !!

कभी उसकी गोद में खेला हूँ, उसने नन्हे कदमों को कभी

थामा है ,

है बांधी राखी इन हाथों में , कभी उसके प्रेम में खोया हूँ

!

-रवि कुमार मिश्रा

30. नारी तू नारायणी

नारी तू नारायणी तुझसे ही संसार बना

बांध प्यार की डोर से तुमने ये परवार बुना

त्याग -तपस्या ,मान प्रततष्ठा को संतित कर

दुनया को जीवन जीने का अद्भुत ये उपहार दया

तुम श्रृंगार वात्सल्य और करुणा की मूरत हो

तुम ही जगत का सम्पूण सार और आधार हो

तुम स्वयं सद्ध, दुःख हरता जग की पालनकता हो

नर से भारी नारी हो तुम सहस्त्र अवतारी हो

माँ -बेटी ,पत्नी बहन बनकर तुमने कोमल सा एहसास

दलाया

है शील -स्नेह ,प्यार प्रेम से जीवन को सफल बनाया है

ममतामय आंलि इसका हिओर जीवन रस बरसाया है

भति ,शति का संगम कर सबके जीवन को प्रगत बनाया है

सतीत्व में सातवत्री सीता,कमण त्याग में पावन गीता

तवराट तवश्व जननी शोषण अत्यिारी हननी

माँ अन्नपूणा ,लक्ष्मी ,दुगा और काली अवतारी

मोहन के छप्पन भोगो पर बस एक तुलसी भारी

हाथो में गीता बाईबल कुरान रखती है

सभी धर्मों का आदर सामान रखती है

सभ्यता -संस्कृत और पुरखो के संस्कारो को संजोकर

लोगो के दल में सिा हहंदुस्तान रखती है

तूने हर स्म्पंदन को अपने तन के खून पसीने से सिा है

दफर क्यों ? इन दानवी दरंदो ने हरदम तुम्हे नोंिा है

भ्रूणहत्या ,बलात्कार , दहेज़ से पीतित अबलाओ तुम
सबला बन दखलाओ

उठो जागो रोद्र ूप धर धरती पर पापो का संघार करो

नारी शक्षा की हुकांर भर जागूपकता की अलख जगाये

स्वच्छ समृद्ध भारत के नव तनमाण में नारी का खोया
सम्मान दलाये

पुनश्च : नाररयो को आन बान शान के साथ देवी ूप धराए

आओ हम मलकर नारी तू नारायणी के पवत्र स्वूपको
साकार बनाये

-दिनेश कुमार सानिध्य

31. नारी तू नारायणी

नारी तेरे रूप अनेक ,सभी युग ों और काल ों में तेरी
शक्ति का उल्लेख

परवार ,समाज क समृद्ध बनाती ,शक्ति शाली राष्ट्र
बनाती

क् ों कर भूली तुम ननज गौरव क ?आया समय उठ तुम
नारी !

याद कर उस स्वनणिम युग क ,नजसमेंदेवी कहाती थी

आधुननक यामा बन क् ों भ्रम में इठलाती ह ?

एक व वैदक नारी थी अपनेआदशों और ज्ञान के बल पर
सवित्र पूजी जाती

ऋनिका ,ब्रह्मचाररणी ,देवी कहलाती

नवजयी ,नवनम्र ,नवद्वान ,साहसी वैनदक युग की नारी

मान शुभदा महान उसक सबला ,सक्षम ,बलधारी

अनदनत,चोंद्रा,देवकामा नारी के रूप हजार

नारी नकसी पर आनित नहीों ,पर व पनवत्र अपार

यशस्वी वह मनहमामयी ,बहादुर पुत्र ों की माता

सुशेवा जैसी शानदार ,शुभदा जैसी वह ज्ञानी

देवी ,ध्रुवा ,अनदनत अग्न्या ,भृनत ,वैनदक युग की नारी

नदव्य,धमिननष्ठ अनत पनवत्र ,स्वावलोंबी सब पर भारी

दक्ष पुत्री ,कश्यप अधांगनी,

अनदनत जीवन से भरी नारी सृनष्ट् सोंमान

देव ों की माता बनी ,नारी नहीों भगवान

ल पामुद्रा अगस्त्य अनुगाननमनी ,नदया पनत का साथ

छ ड़ा राजसी वैभव भी ,नलया तपस्वी वैश
वन वन भटकी पनत सोंग वह त जाना ब्रह्म का ज्ञान
गागी ब्रह्मचाररणी ,महा नवदिुी नार
याज्ञवल्क्य पर की थी उसने प्रश् ों की बौछार
जनक सभा मेंखडी ननडर अटल दृढ प्रनतज्ञ वह नारी
प्रबल प्रेरणाका आधार बनी ,हुई सम्मान अधकारी
जननी ह तुम ब्रह्मज्ञान की बनी जगत का गौरव
गुरु पद की सच्ची अनधकारी तुम्ही ज्ञान का सौरभ
मैत्रेयी दाशिननक दृष्टा बनी , याज्ञवल्क्य अधांनगनी
बेहद शील ,शांत स्वभाव सेम क्ष का नचोंतन करती
ठु कराई पनत की सोंपनि, म क्ष मागि पर जाने क
ऐसेस्वनणिम वैनदक दशिन क तुमनेनबसराया क् ों ?
आया समय याद कर ननज गौरव
इस प्राचीन और अनमट गौरव क पुनः स्थानपत कर
भारत क नवश्व गुरु बनाये
वेद ों क अपनाये
वेद ों में वनणित नाररय ों क अपनाये
समृद्ध और शक्तिशाली राष्ट्र बनाये

-प्रतिभा शर्मा

32. नारी! तू नारी है

नारी! तू नरी है....
नहीं कहीं से भी बेचारी है ।
तू हर चीज की अधिकारी है ।
मन कठोर कर, कोमल तन है तो क्या!!
खुद को सफल कर समाज प्रबल है तो क्या!!
ठान लिया तो यह दुनिया सुख कारी है ।
नारी तू....
क्या हुआ जो जीवन कष्टकारी है ।
फैली यहां कन्या भ्रूण हत्या की बीमारी है ।
कानून संग थमी यह महामारी है ।
समझ में आ रहा, यह कितना अनिष्टकारी है ।
नारी तू....
शोषण कब तक करेगा यह समाज जो शोषणकारी है;
बनाया नारी को खुदा ने कल्याणकारी है ।
कल्याण करती जा, तू तो जनकल्याणकारी है ।
नारी तू....
गुणों की खान है तू, बहुत गुणकारी है ।
बीज से पौधा; पौधे से वृक्ष बना
तुझ में ही तो, तुझ में ही, तो यह कलाकारी है ।
काश्तकार जी तू तुझमें ही यह काश्तकारी है ।
नारी तू....
युगों से चलता आ रहा, युगों तक चलेगा
नारी सदैव युगांत कारी है ।

जग जननी तू, जन्म देने के लिए यह दुनिया सदैव ही
आभारी है ।
नारी तू....
कच्ची मिट्टी को सोना बना दे,
सोने को हीरा बना दे,
ऐसी तुझ में ही तो दस्तकारी है ।
मकान को घर बनाने की जो है कला
वह केवल तुझ में ही, तू तो ऐसी सोधिकारी है ।
नारी तू....
तानों को सेहती, गुणों को सहेजती
अवसर आने पर भ्रमण करती
जी जान लगाकर ऊंचाइयां भी छूती
तू तो ऐसी भ्रमण कारी है ।
नारी तू....
छोटी-छोटी बूंदों को एकत्रित करती
कण-कण से पर्वत बनाती
बचत की समझ क्या होती;
वह सब तुझ में ही तो, तू ऐसी नियंत्रकारी है ।
नारी तू....
अपने पराए को समेटती
दूसरों के लिए अपने आंसू पोंछती
सर्वहित करने वाली, तू हितकारी है ।
नारी तू....
धरा हो या अंतरिक्ष
हर जगह परचम लहरा
देवी का स्थान पाती
कभी बनती तो विश्व सुंदरी है

सौंदर्य, कोमलता का तालमेल, तू तो ऐसी रोमांचकारी है ।
नारी तू....
तुझ बिन अधूरा यह समाज
तू ही है सर्वस्व
कल हो या आज
अन्नपूर्णा की पदवी पाती,
तू संपूर्णकारी है ।
नारी तू न हारी है । ।

-सोनिया अग्रवाल

33. वह नारी हो तुम

घर के भाग्य को सौभाग्य दे वह नारी हो तुम ।
सुनी कलाई में बांधों भाई को राखी वह धागा हो तुम ।
मन विचलित हो ना हो वह विश्वास की डोर हो तुम ।
अगर रुठे तो पल में मान जाए वह रिवाज हो तुम ।
भारतीय संस्कृति को घूंघट में उड़े वह विचार हो तुम ।
समय आने पर देश को चलाएं वह कलम का बार हो तुम
।
जरूरत पड़े अगर ललकारी तो थामें जो तलवार,
जो दुश्मन कह ना पाए वह रानी लक्ष्मीबाई का वार हो
तुम ।
नारी तू ही नारायणी है ।
जंग की माता महा कल्याणी है ।
तेरे ही आंचल के पनाह के सागर में पल,
तेरे ही दूध के कर्ज के लिए अमृत भी पीछे छूटे,
तेरे होते माता कैसे कोई जंग में दुराचार बने,
हे माता महारानी जंग की तारिणी,
भय मुक्त हरणी विशाल हृदय धारणी,
कार्यकारिणी संपूर्ण दायिनी हे माता जीवनदायिनी ।
तेरे होते माता आए ना कोई आंख संतान पर माता,
है परमेश्वरी निर्भय गणेश्वरी माता दुलारी अंतर्यामी,
जिस की गाथा गाय संपूर्ण ब्रह्मांड,
वह है नारी के आत्मा का सार,
विवेचन विकसित विशाल हृदय,

नारी भाग्य से त्रिभुवन स्वामिनी,
मां दुर्गा स्वरूपा रूप अनेक अनंत,
निर्मल पावन पुनीत विशाल ममतामई,
जन्म से अंत तक सब कुछ दूसरे पर न्योछावर करती रही,
बिना सोचे घर के आंगन में दूसरे की चौखट का तिलक रही,
मानव विवेचन आलोचना तक को सही,
विशाल हृदय पत्थर बन कर रही,
डगमगाए ना कदम ऐसे दृढ़ संकल्प से रही,
अक्सर बातों बातों में जिक्र उधार रह जाता है ।
मेरी मां के हाथों का स्वाद यह अल्फाजों में रह जाता है ।
मोम के पिघलने से पहले मेरी मां का दिल पिघल जाता है ।
होती अगर वह नाराज हमसे तो जमाने का नाता टूट जाता है ।
बार-बार व्यतीत चिंतित मन उदार मनभावन पावन है मां का दिल,
जिस दिल में रहते रह जाते हैं आसमान तो क्या तूफान के फूल ।
जिसकी पनाह के आंचल को उड़े ब्रह्मा विष्णु महेश,
सागर से ज्यादा गहराई उससे भी बड़ा ममतामई का आधार ।
सब कहते हैं पराया धन हो तुम,
उनसे पूछो जिनके लिए तुम घर की दहलीज का सम्मान हो तुम ।
सब रिश्तो को निभा लो ऐसा आत्मविश्वास हो तुम ।

मां दुर्गा की छवि का स्वरूप हो तुम ।
मां गंगा की पावन धारा का अमिताभ हो तुम ।
श्रीराम भी पूजे तुम्हें मां सती का वरदान हो तुम ।
माता के रूप में हो तो जंग की पालनहार हो तुम ।
बहन के रूप में हो तो भाई के विश्वास की डोर हो तुम ।
बेटी के रूप हो एक पिता के लिए अतुलनीय सम्मान हो तुम ।
और अगर बिगड़ हो तो मां काली का विनाश हो तुम । ।

-गीतेश राजपूत

www.ingramcontent.com/pod-product-compliance
Lightning Source LLC
Chambersburg PA
CBHW020646160726
47991CB00003B/1055